# ÉTUDE

SUR

# AMADIS JAMYN,

POÈTE DU XVIe SIÈCLE,

NÉ A CHAOURCE, PRÈS TROYES.

SON TEMPS — SA VIE — SES OEUVRES.

**Par M. E. BERTHELIN,**

Membre résidant de la Société Académique de l'Aube.

TROYES.

BOUQUOT, IMPRIMEUR-LIBRAIRE,
Rue Notre-Dame, 43.

1859.
1860

# ÉTUDE



# AMADIS JAMYN,

POÈTE DU XVI<sup>e</sup> SIÈCLE,

NÉ A CHAOURCE, PRÈS TROYES.

## SON TEMPS — SA VIE — SES ŒUVRES.

## I.

La partie de la Champagne que nous habitons, celle que, dans cette enceinte, je me plais à appeler notre pays, s'enorgueillit à bon droit des Pithou et des Passerat, lorsqu'il s'agit de constater sa part dans le mouvement intellectuel du XVI<sup>e</sup> siècle ; et, s'il est vrai que le nom de *siècle de la renaissance* doive appartenir à cette époque, où l'imitation des anciens dans les lettres, dans les arts, et j'oserai ajouter jusque dans les vices, marque la transition de la France féodale, avec son parler rude et naïf, à la France monarchique, avec sa langue successivement épurée depuis Amyot et Malherbe, raffinée et comme passée au tamis par le siècle de Louis XIV, nous revendiquons à juste titre ces deux Troyens, dont l'un, par sa science et sa vie austères, l'autre par sa gracieuse et facile poésie, offrent les deux types caractéristiques de cette époque de force et de légèreté.

Mais si ces noms célèbres, que dès l'enfance on nous enseigne à répéter, sont comme la monnaie courante de notre vanité champenoise, il est, dans une sphère plus modeste, d'autres noms contemporains de ceux-là, que le temps semble avoir relégués dans les biographies, que jamais plus on ne prononce, si ce n'est peut-être en parcourant un dictionnaire historique, ou bien encore en déchiffrant, par hasard, l'épitaphe d'une tombe au fond d'une église de village. Pour ceux-là le temple de mémoire resterait fermé si, de loin en loin, quelque société littéraire, comme celle devant laquelle j'ai l'honneur de parler, désireuse d'accomplir sa mission dans le cercle de sa spécialité, ne venait, de temps à autre, réparer les torts de l'oubli, ou même de l'ignorance (1)

_______________

(1) Il n'est question de Jamyn que dans les biographies. Il n'est indiqué dans aucun des auteurs qui ont étudié la littérature française, ni dans La Harpe, ni dans Boileau, qui citent pourtant bien des auteurs qu'on ne lit plus. M. Villemain, qui laisse une lacune regrettable dans son cours de littérature, n'a pu donner place à l'époque de la Renaissance. Les chroniqueurs et les historiens se taisent tous à son égard. Tallemant Des Réaulx (*Œuvres inédites de* 1834), qui est si complet sur cette époque, et qui donne avec détail la vie de Philippe Desportes, le contemporain de Jamyn, passe celui-ci sous silence. Rien

en fouillant les archives poudreuses de notre vieille littérature.

N'est-ce pas, en effet, une grande joie pour les cœurs attachés au sol natal, pour les intelligences jalouses de l'honneur du pays, de voir se dresser, dans un vieux livre encore tout imprégné du parfum de son temps, une époque aussi féconde que le xvi<sup>e</sup> siècle? d'entendre ces accens surannés, ce mélange quelquefois heureux, mais plus souvent bizarre de français, de grec et de latin en quête d'une nouvelle puissance pour formuler les idées des hardis novateurs, et d'une nouvelle harmonie pour chanter l'entraînement vers l'élégance, les fêtes et la galanterie?

C'est une de ces jouissances du cœur et de l'esprit que nous demandons la permission, et que nous avons l'espoir de faire partager, en parlant d'Amadis Jamyn (1), notre compatriote, né tout près de Troyes, à Chaource, en 1538 ou 1540 (2), poussé par la poésie

non plus dans l'abrégé de la vie des poètes français depuis Villon jusqu'à Benserade, attribué à Bernard de Fontenelle. Rien enfin dans la plus récente et la plus complète de nos histoires, celle d'Henri Martin, qui, pourtant, n'omet aucun personnage dans les lettres, les sciences et les arts.

(1) Nous maintenons l'y dans le nom de Jamyn parce qu'il signait ainsi. Nous l'avons vérifié sur son testament et sur une quittance qu'il a donnée en 1588. Excepté l'édition de l'Iliade de 1577, où son nom est écrit Jamin, toutes ses œuvres portent Jamyn. La famille Jamyn, résidant à Chaource, a conservé l'y jusque vers la fin du xvii<sup>e</sup> siècle. Mais les bibliographes et les biographes écrivent ce nom de l'une et de l'autre manière.

(2) Ces deux dates se trouvent dans la bibliothèque universelle et dans diverses biographies ; on verra pourquoi, page 9.

jusqu'aux abords du trône, vivant et rimant dans l'intimité de deux rois, puis, sur ses vieux jours, retournant à la petite ville natale, y fondant et dotant un collége, dans la pensée d'entretenir le feu sacré des lettres, peut-être aussi de préparer aux rois futurs des poètes complaisants et louangeurs, comme lui-même ne le fut que trop, et trouvant enfin, à la limite de son siècle (1), sous les dalles de l'église (2) où il avait reçu le baptême, une sépulture que rien ne signale plus aux souvenirs (3), et qui d'ailleurs, probablement par respect pour le lieu saint, a pu échapper à l'épitaphe proposée par Regnault de Beaucaron sous la forme de ce quatrain, véridique je veux le croire, mais un peu mondain pour une tombe :

> Heureux qui, comme toi, dans le faste des cours,
> Toujours sut conserver sa première innocence,
> Fut aimé des neuf sœurs, caressé des amours,
> Et, mourant, eut des droits à la reconnaissance (4).

---

(1) Ce n'est ni en 1578, comme le dit la biographie universelle, ni en 1585, comme l'indique le dictionnaire historique de Ladvocat, mais bien en 1593. (Voir page 52.)

(2) Grosley, *Troyens célèbres*, Vᵇᵒ Jamin.

(3) « Rien ne marque plus sa tombe, mais il est certain que la famille Jamyn avait une chapelle (voir le testament p. 49); il n'est pas aisé de faire des recherches à cause des affreux bancs qui encombrent l'église. » (Lettre de M. Beneyton, percepteur à Chaource, membre correspondant des Académies impériales de Metz et d'Arras, adressée à l'auteur avec la plus grande obligeance. Chaource, 23 mai 1859.)

(4) Grosley, *Troyens célèbres*, ibid; cet article est de Regnault de Beaucaron, mais nous le citons avec réserve, le trouvant inexact en plusieurs points : ainsi 1° quand il fait naître Jamyn sous François Iᵉʳ (voir pag. 7); 2° quand il fait Jamyn

## II.

En 1538 (1), l'année qui suivit la mort de François I<sup>er</sup>, naissait à Chaource (2), d'une famille de bonne bourgeoisie (3), un Jamyn. En l'absence des registres de la paroisse, détruits ou égarés dans les temps de troubles, toutes nos recherches pour connaître quels furent son père et sa mère, étaient vaines, lorsqu'au moment où nous écrivions ces lignes, nous avons reçu de notre honorable collègue, Monsieur le docteur François Carteron, qui possède une si riche bibliothèque, la communication obligeante d'un volume des œuvres de Jamyn, que jusque-là nous avions étudiées dans une autre

lecteur et secrétaire du roi François II (voir p. 10) ; 3° quand il le place dans la pléiade de Ronsard (voir p. 11).

(1) Les biographies déjà citées donnent les deux dates 1538 et 1540. Selon Duverdier et Lacroix du Maine V<sup>bo</sup> Amadis, il y a eu des frères de ce même prénom, ce qui explique ces deux dates (voir p. 9).

(2) Voir le testament d'Amadis Jamyn (p. 48).

(3) « On trouve dans un registre remontant à 1617, celui de la confrérie du Saint-Rosaire, établi en l'église de Chaource, au catalogue des membres, les mentions suivantes :..... Simon Jamyn...... Jean Jamyn...... Anne Jamyn, femme de M. Pierre Lesecq. (Un Lesecq fut curé de Chaource et aumônier du roi en 1617 ; un autre est qualifié, en 1661, noble homme Charles Lesecq, docteur en médecine et de la Faculté de Montpellier, conseiller et médecin ordinaire du roi). — 1661...... Valentin Jamyn. — 1670...... honorable homme Jean Jamyn...... — 1671, 1691, 1734, 1786, diverses filles du nom de Jamyn et Jamin. » (Note de M. Beneyton, déjà cité p. 6.)

édition ; et à notre grande satisfaction, nous y avons découvert, sur la page blanche qui précède le titre, la mention suivante, écrite et signée de la main de M. Pierre-Antoine Thiesset, originaire de Chaource, médecin ordinaire du Roi, décédé en 1775 :

« — Amadis Jamin, conseiller, secrétaire et lecteur ordinaire de la chambre du roi Henri III, natif de Chaource, ressort du bailliage de Troyes, fils d'Amadis Jamin, Prévost de Chaource, et de Marie Chemelet, l'une des plus belle *(sic)* et ancienne famille du dit lieu...... il était allié aux Rémonds. — »

Signé THIESSET,<br>Méd<sup>in</sup> ordre du Roy.

Et M. Thiesset tenait ce volume d'un Rémonds, dont la signature se trouve sous le titre.

Cette révélation du nom des parents de notre Amadis Jamyn est certainement exacte, car la naissance de M. Thiesset remonte à 1716, guère plus d'un siècle après Jamyn ; et M. Thiesset, qui était son compatriote, paraît avoir eu des renseignements très-précis sur la famille Jamyn. Il en résulte que le goût des Jamyn pour le prénom Amadis, qui n'appartient à aucun saint de l'Église, était bien prononcé, puisque le fils qui naît au prévost de Chaource, en 1538, ne reçoit pas d'autre prénom, du moins rien, dans toutes nos recherches, ne l'indique. C'est la preuve qu'alors à Chaource on lisait des romans ; car ce prénom d'Amadis n'est qu'un emprunt au fameux roman de l'*Amadis de Gaule*, rapporté d'Espagne, où il avait charmé la captivité du royal prisonnier de Charles-Quint, puis successivement grossi par d'anonymes collaborateurs, et bientôt vulgarisé par la traduction d'Herberay-des-Essarts.

Cet Amadis Jamyn, né en 1538, eut un frère deux ans après, et, telle était alors la vogue de ce roman, que le père des deux Jamyn, si nous en croyons les biographies, ne crut pouvoir mieux faire que d'affubler de nouveau son second fils de ce nom héroïque, sans même y ajouter un autre prénom qui pût servir à distinguer le plus jeune de son aîné.

« . . . . . . . . Simillima proles,
Indiscreta suis, gratusque parentibus error ! »
(Enéide, liv. 10, v. 392.)

De là, dans les divers recueils, au mot Amadis Jamyn, deux dates de naissance, deux dates de décès, de là, impossibilité de décider quel fut l'aîné, ou d'Amadis le poète enseveli à Chaource, ou d'Amadis le grainetier (1), décédé à Châtillon-sur-Seine, lequel, dit-on, faisait aussi des vers (2), mais dont il ne resterait rien (3).

---

(1) Biblioth. universelle. V^bo Jamyn.

(2) Duverdier, Biblioth. franc., t. I. V^bo Amadis. — Biographie universelle et Moréri, V^bo Jamyn. — Guy Lefèvre, dans sa Galliade, dit au feuillet 125 :

> Aux deux Jamyn donnez du sainct amour les ailes
> Pour porter leurs doux vers au sein des damoyselles.

(3) Nous hésitons à lui attribuer, sauf plus amples recherches, le livre intitulé les *Dialogues de Jean Loys Vivès*, traduit de latin en français, par Benjamin Jamin, dédié à Charles de Lorraine, Paris, 1578 et 1584 (petit in-16). Rien ne nous autorise à penser que ce prénom de Benjamin ait appartenu au frère d'Amadis. — D'ailleurs, pourquoi cette dédicace à Charles de Lorraine ? — Benjamin tenait donc pour la maison de Lorraine, tandis que Amadis était pour la cour. Des deux frères, l'un eut été *ligueur*, et l'autre *politique?* Duverdier lui-même, V^bo Benjamin Jamin, Biblioth. franç., ne consigne qu'avec ré-

Heureusement les livres, grâce à l'imprimerie, se conservent, et c'est à l'aide des œuvres d'Amadis Jamyn lui-même que nous essaierons de reconstituer la vie du poète.

Ses œuvres imprimées et réimprimées plusieurs fois, de 1574 à 1599, se composent — 1° de la traduction en vers français alexandrins des treize derniers livres de l'Iliade d'Homère, faisant suite aux onze premiers, traduits dans le même rythme par Hugues Salel, abbé de Saint-Chéron, revus et corrigés par notre poète — et de la traduction, en vers semblables, des trois premiers livres de l'Odyssée.— 2° De deux volumes de poésies.

L'ordre dans lequel ces différentes œuvres de Jamyn ont été composées ne serait pas sans intérêt; on y pourrait suivre la marche du talent et des pensées de l'écrivain : on ne peut que se livrer à des conjectures.

Mais il est certain que Jamyn s'adonna de bonne heure à l'étude des anciens et à son goût pour la poésie. Sous Charles IX, selon quelques biographes (1), il était déjà secrétaire et lecteur ordinaire de la chambre du roi, et, à supposer que ses fonc-

---

serve cette prétendue parenté des deux Jamyn. Enfin, il y a eu d'autres Jamin que ceux de Chaource. Ce livre, qui appartient à notre collègue M. Socard, bibliothécaire-adjoint de la ville de Troyes, n'en est pas moins une rareté des plus curieuses.

(1) Rien, dans nos recherches, ne donne la certitude qu'il ait été investi de cette charge avant le règne de Henri III. On le trouve avec cette qualification, pour la première fois, dans le privilège du vol. des poésies, à la date du 16 avril 1575, un an après l'avènement de ce roi.

tions, comme il est vraisemblable, ne remontent pas à l'avènement même, en 1560, époque à laquelle Jamyn, s'il était le plus jeune des deux frères, n'aurait eu que vingt ans (le roi lui-même ne comptant alors que moitié de cet âge), toujours est-il, que, parmi ses poésies, il en est une dont la date est précise ; elle a pour titre : *Stances à la Royne mère passant par Nogent-sur-Seine*. Or, c'était en 1564 que s'accomplissait ce voyage de l'ambitieuse florentine, veuve de Henri II, qui, désireuse de se montrer à toute la France, environnée du prestige royal, conduisait à travers les provinces son second fils Charles IX, succédant à l'éphémère François II.

Si c'était là le début, comme courtisan, de notre compatriote âgé de vingt-quatre ans, on sait que, plus jeune encore, il s'était préparé aux succès poétiques de la Cour, sous le patronage du maître en ce genre, de celui qu'on nommait le *Prince des poètes*, de Ronsard, assez satisfait de lui-même et du sort que lui avait fait la faveur non interrompue de quatre règnes, pour se mettre bravement à la tête de la pléïade française, ainsi composée de son libre arbitre : Dubellay, Duperrier, Remy, Belleau, Jodelle, Dorat et Baïf (1).

Selon Claude Binet, notre jeune compatriote entra comme page chez Ronsard ; et qu'on ne s'étonne pas de voir un page chez un poète ! Ronsard, ou pour parler comme les contemporains, M. de Ronsard, était d'origine noble, et dans ce temps-là, à en

---

(1) C'est donc à tort que Regnault de Beaucaron a placé Jamyn dans la pléïade. (Voir Grosley, ibid.)

croire Duverdier (1), tout gentilhomme ayant le moyen d'entretenir un page pouvait en avoir un : et, pour exemple, il cite Montaigne.

A cette école, le jeune Amadis dut se former à la poésie galante, aux belles manières et au fin langage. Mais nous inclinons à penser, que, dès lors, il préparait sa réputation par son œuvre sérieuse, la traduction de *l'Iliade d'Homère*. Il en publia successivement les treize derniers livres; le volume complet parut en 1577, et fut réimprimé après sa mort, en 1599. Cette œuvre a dû précéder les autres, du moins pour la plupart, car Jamyn lui-même en parle dans ces termes à la belle Callyrée (*Elégie,* p. 126) :

> Et ja ma plume achevait de tracer
> Ce que Salel avait pu commencer
> Dessoubs François, grand monarque de France.

Ce volume est dédié au roi de France et de Pologne, Henri III, et Ronsard, qui mourut en 1585, avait proclamé son admiration pour son élève dans une ode imprimée en tête de la traduction de Jamyn.

Le maître avait en effet conservé pour son ancien page une affection que n'altérèrent jamais ni rivalité de poète, ni jalousie envieuse des faveurs royales. Il exalte Jamyn par cette invocation à Homère :

> En toi Jupiter transformé
> Composa l'ouvrage estimé
> De l'Iliade et l'Odyssée,
> Et tu as ton âme passée
> En Jamyn, pour interpreter
> Les vers qu'en toi fit Jupiter.

Quoique un peu entortillé, le compliment est dé-

---

(1) Voir l'article déjà cité.

licat : il faut passer quelque chose au goût du temps,
qui permettait au Prince des poètes, dans cette
même ode, de pousser la louange d'Homère jusqu'à
féliciter la malheureuse Troie de sa triste fin :

> Heureux brasier d'Ilion !
> Heureuse Troie ! un million
> De villes riches et peuplées
> Voudraient ainsy être bruslées,
> Pensans à plaisir et à jeu
> Qu'Homère y eut jeté le feu.

Jamyn, reconnaissant envers son protecteur, ne
négligeait aucune occasion de lui rendre politesse
pour politesse. En tête de la *Franciade*, dédiée par
Ronsard à Charles IX, il avait mis ce quatrain, qui
fait allusion au goût de ce roi pour l'enclume :

> Tu n'as, Ronsard, composé cet ouvrage ;
> Il est forgé d'une royale main :
> Charles savant, victorieux et sage
> En est l'auteur : tu n'es que l'écrivain.

Et dans la dédicace à Henri III de sa traduction de
*l'Iliade*, il adressait à Ronsard cet éloge, dont, au
surplus, il prenait bien aussi sa part :

> Roy, fils de Jupiter,
> Tu peux assez vanter
> Heureuse ta couronne,
> Qui possède un Ronsard,
> Semant de toute part
> La louange qu'il donne.
> En tous lieux voleront
> Nos vers, qui porteront
> La palme de tes gestes,
> L'honneur de la vertu,
> Et tu seras vestu
> De l'habit des célestes.

Constatons cependant que l'amitié n'a pas seule

dicté des vers à la gloire de notre compatriote : Dorat, le poète royal, *Auratus poëta regius,* comme il avait l'habitude de signer, a offert au roi Henri III des vers latins pleins de louanges pour Jamyn, qui figurent au frontispice des deux volumes de poésies. D'autres célébrités moins connues ont tenu à honneur de paraître aussi en tête de ses œuvres avec leurs éloges également versifiés en latin ou en français : on y trouve des grands seigneurs, des magistrats, voire même des dames ! Que voulez-vous, c'était la réclame de l'époque, et l'auteur était glorieux de ces recommandations !

Une fois lancé à la Cour, la verve de Jamyn, pour les souverains dispensateurs des honneurs et des richesses, ne tarit plus : hélas! il faut bien l'avouer, il a chanté tous les vices de ce siècle, adoré toutes les misères de la France, déifié toutes les turpitudes des derniers Valois.

N'est-ce pas à lui, comme à tant d'autres flatteurs officiels de la Cour débauchée de Henri III, que s'adressait cette sanglante apostrophe de d'Aubigné dans son effroyable satire des princes ?

> Quand d'eux une Thaïs Lucrèce est dite :
> Quand ils nomment Achille un infâme Thersite !
> . . . . . . . . . . . . . . . . . . .

Le moment n'est pas venu d'apprécier la poésie de Jamyn, comme étude littéraire ; c'est sa vie, ses mœurs et ses goûts, qu'à défaut d'historiographe il faut découvrir ou deviner, à l'aide des révélations involontaires qui échappent au poète dans l'expression de ses pensées, dans la peinture de ses joies ou de ses ennemis, et jusques dans le récit des faits qui l'ont ému ; c'est son cœur qu'il s'agit de surprendre au milieu des prédilections qu'il a chantées : sorte de jeu de patience, dont chaque découpure, isolée, n'offrirait qu'une forme bizarre, mais qui rapprochée, réunie, enchassée aux autres, reconstruit peu à peu la figure, puis le personnage tout entier, et enfin l'ensemble du tableau au centre duquel l'histoire l'a placé.

Heureux !

lui écrivait Ronsart en tête du 1er vol. des poésies :

Heureux ! tu jouis de ta peine
Et des labeurs de ton jeune âge,
Te remirant en ton ouvrage
Comme Narcysse en sa fontaine.

Jamyn recueillait, jeune encore, la faveur, qui l'attacha à la chambre de deux rois et lui valut le titre honorifique avec lequel il se retirait modestement à Chaource avant la fin du règne de Henri III.

Sa traduction de l'Iliade ne serait pas la première qui aurait vu le jour en France, s'il faut tenir compte d'une édition gothique, sans nom d'auteur, que l'on cite aux dates de 1515 ou 1530, qui n'existe plus, et qui est reléguée au nombre des livres inconnus ou oubliés ; en tout cas, croirait-on que Madame Dacier, le très-exact et très-prosaïque interprète d'Homère, écrivant deux cents ans après Jamyn, non-seulement ne constate pas l'existence de sa traduction, mais fournit la preuve, dans divers passages de sa préface, qu'elle ne la soupçonnait même pas ? Cependant, on a vu que l'œuvre de Jamyn fit sensation sous Henri III : la grande épopée grecque, mise ainsi pour la première fois à la portée de tous, dut plaire singulièrement à une époque avide d'allégories mythologiques, de récits de batailles et de héros amoureux.

Quel prestige d'ailleurs dut entourer ce jeune poète, qui, avant d'essayer le rythme français sur la lyre d'Homère, avait voulu visiter les lieux témoins de la ruine de Troie !

> *Campos ubi troja fuit* . . . . . . .
>
> ( Enéide, liv. 2).

C'est Jamyn lui-même qui nous révèle cet intéressant épisode de sa vie (*Elégie*, p. 229, *Meslanges*) :

> J'ai voyagé par les trois parts du monde,
> J'ai vu la mer où se lève le soleil,
> Et j'ai vu l'onde où l'attend le sommeil,
> Et mille biens dont les hautes louanges
> Font esbahir les nations étranges.

Et plus loin (*ibid.*, p. 235) :

> En mille endroits au loin j'ai voyagé
> Sans que mon cœur y restât engagé.
> J'ai vu Paphos, Amathonte et Eryce,
> Cypre qui fut de Vénus la nourrice.
> . . . . . . . . . . . .
> J'ai vu l'Asie, et, en tous ces endroits,
> Mille beautés non indignes des Rois.

Combien il faut regretter, qu'au lieu de ces fades bouquets-à-Chloris, notre Champenois ne nous ait pas conservé ses souvenirs de l'Archipel et de l'Hellespont ! Que de vers, et des meilleurs, ne donnerait-on pas pour ses impressions de voyages ?

Le premier volume des poésies se compose de cinq livres : le premier de ces livres renferme la longue série des pièces composées tant à la gloire des deux rois Charles IX et Henri III, que pour la mémoire de leurs devanciers, en l'honneur de tous les membres de la famille régnante, à l'occasion des principaux événements, comme à propos des moindres incidents de la vie intime du Louvre, environ soixante stances, sonnets, odes, élégies et chansons, cantiques, épitres, épithalames et cartels. Nous y remarquons, comme ayant un intérêt presque local, la pièce déjà citée : *A la Royne mère passant à Nogent-sur-Seine.* Voici quels accents sa muse a su trouver pour cette Catherine de Médicis, qui éleva trois rois, tels que François II, Charles IX et Henri III, une reine telle que Marguerite, et qui, présidant à toutes les hontes de ces trois règnes, devait enfin organiser la Saint-Barthélemy (liv. I, p. 10) :

> Les déités sont toutes avec elles,
> Et toutes les vertus, et toutes sainctes lois !

Pour le jour de sa fête, il lui dit (*ibid.*, p. 10) :

> France, fête ce jour de Sᵗᵉ Catherine !
> . . . . . . . . . . . . . . . . . . . .
> Tu as connu souvent combien elle est divine !
> . . . . . . . . C'est la mère des rois
> Invincibles sur terre en armes et en loix ;
> Elle a souffert pour toi tant de maux, tant d'ennuy,
> Tant de fâcheux périls, que la saincte aujourdhuy
> Qui lui donne son nom, n'eust oncques tant de martyre !
> Pour cela tu lui doibs un temple et des autels,
> Et d'un style d'acier, sur le portail escrire :
> Ses vertus l'ont assise au rang des immortels !

C'est dans le même style qu'il s'adresse aux deux rois ses fils, à leur sœur Marguerite, celle-là qu'il ose comparer à la Marguerite des Marguerites, la chaste et noble sœur de François Iᵉʳ, celle-là que le peuple appelait la reine Margot, celle-là dont Henri IV avait eu le malheur de faire une reine de Navarre, celle-là enfin qui expia par le divorce les débordements de sa vie, et s'en consola en rédigeant dans sa retraite de graveleux mémoires.

Le livre suivant porte le nom d'*Oriane :* c'est encore un emprunt fait au roman de l'*Amadis de Gaule.* Un admirateur du temps, qui ne signait que des initiales D.S., s'inscrivait en tête de ce volume avec ces vers :

> Si de l'Amadis de Gaule avez connu l'histoire,
> Si vous avez compris mainte estrange victoire
> Dont il a eu l'honneur, pour l'honneur qu'il devait
> A sa belle Oriane, et comment il mouvait
> Par infinis dangers tout le monde à le croire,
> Vous le trouverez tous dans les œuvres revivre
> Du second Amadis, qui si bien l'a pu suivre,
> Qu'on ne le dit *second,* mais plutôt le *premier,*
> Car, par son Iliade on connaît la prouësse,
> Il fait, par ses amours, Oriane Déesse,
> Et, parlant à nos roys, il est doux et guerrier.

Jamyn lui-même était très-fier de ces rapprochements de noms. Il y fait allusion dans ce passage (p. 228) :

> Je suis cet Amadis, de qui l'âme bien née,
> Pour servir les amours, se mit à l'abandon ;
> Qui seul passa le pont des amoureux fidelles,
> Qui sauva du danger cent et cent damoyselles.

Sous le nom d'Oriane et sous celui d'Arthémis, au troisième livre, il a chanté les beautés qui lui furent plus ou moins faciles, rendant ainsi la postérité confidente de ses bonnes fortunes : mais ni l'histoire ni les mémoires contemporains ne nous aident à pénétrer ces pseudonymes, recherche, d'ailleurs, qui ne saurait présenter un grand intérêt dans un entourage tel que l'offrait alors le Louvre ou les résidences de Blois et de Fontainebleau.

« La Cour, dit un historien (1) qui a resserré en une

______

(1) Lavallée, *Histoire des Français,* t. II, p. 516.

page concise les prolixes chroniques des L'Estoile, des Brantômes, des Montluc, des Tavannes, des Tallemant, des de Thou, des Villeroy et de tant d'autres, la Cour était une sentine d'abominations ; les adultères et les meurtres y étaient les accidents ordinaires. — *Dugast*, favori du roi, est tué par Vitteaux à l'instigation de la reine de Navarre, dont il avait révélé les amours avec Bussy d'Amboise. — *La dame de Châteauneuf*, maîtresse du roi, tue de sa main son mari Antinotti, qui lui était infidèle. — *Villequier*, favori du roi, tue sa femme pour cause d'adultère « dans le palais et du consentement de » Henri, qui haïssait cette dame pour un refus en » cas pareil. » — *Cimier*, favori de Monsieur, tue son frère surpris en adultère avec sa femme. — *Lavardin*, favori du roi de Navarre, tue Randan, qui faisait la cour à sa maîtresse. — *Le duc de Guise* fait assassiner Saint-Mégrin, favori du roi, qui faisait la cour à sa femme. — *Bussi d'Amboise* est tué en guet-à-pens par Montsoreau, qui avait forcé sa femme à lui donner un rendez-vous. — Et, au milieu de ces assassinats, quelles fêtes ! quelles orgies ! — Le roi s'habille en femme, il pare ses mignons comme des femmes, il se fait servir à table par des femmes nues ! Les filles d'honneur de la reine mère forment une sorte de sérail, où tous les princes, et surtout le roi de Navarre, vont chercher des maîtresses. — *Marguerite de Valois*, distinguée au milieu de toutes ces femmes perdues, a une liste d'amants presqu'innombrable, où l'on trouve le duc de Guise, Bussy d'Amboise, le vicomte de Turenne, Saint-Luc, Champvallon, et enfin, dit-on, ses deux frères. »

Dans cette Cour on rimait à propos de tout, et

ceux qui ne savaient tourner des vers s'adressaient aux poètes. Charles IX, le roi sombre et farouche, avait deux poètes à ses gages : Philippe Desportes et notre Jamyn ; et, bien que disciple d'Amyot il ne fut pas lui-même sans quelque teinture des lettres, témoin son poème de la chasse, qu'il a dicté à son ministre et ami Villeroy, il recourait volontiers à leur plume complaisante, et sans doute plus tendre, quand il voulait parler d'amour. L'histoire ne lui prête qu'une seule affection, la charmante Marie Touchet, que Desportes et Jamyn ont, à l'envi, célébrée sous le nom de Callyrée. C'est à elle que notre poète a dédié les poésies du quatrième livre, et Charles IX a pu ainsi adresser à sa maîtresse de gracieuses chansons et de langoureuses élégies, qui ne sont souvent que de trop lascives allusions.

Les nombreuses inclinations de Henri III trouvèrent Jamyn également dévoué et fécond ; le livre cinquième renferme tout ce qu'il dut à ce titre encenser. Sa plume trop servile s'est oubliée jusqu'à rimer une épitaphe pour *Barbiche*, petite chienne de M^me de Villeroy, et il s'est rencontré en ce grave sujet avec Philippe Desportes (1). Nous verrons plus loin que, jusqu'aux mignons du roi, il a tout chanté.

Il faut en rougissant jeter un voile sur ces saturnales de la poésie. Aujourd'hui de tels écarts ne se comprennent plus, et, seulement pour les expliquer, rappelons qu'ils appartiennent au siècle qui a vu la procession annuelle instituée par arrêt du parlement pour fêter l'anniversaire de la Saint-Barthé-

---

(1) Jamyn : *Meslanges*, p. 305. Œuvres de Philippe Desportes, par Alfred Michiels, *Epitaphes*, p. 472. Paris, 1858.

lemy, qui a vu placer au Vatican le tableau de Vasari représentant l'assassinat de l'amiral de Coligny , avec cette apologétique inscription encore existante : « *Pontifex Colignii necem probat* (1). »

Ne fallait-il pas plaire aux distributeurs des largesses, des offices, des bénéfices et prébandes de toutes sortes ? Ainsi, ce même Philippe Desportes, l'émule de Jamyn, ou mieux son rival (car nulle part il n'a nommé Jamyn, et Jamyn lui rend bien ce silence), Desportes touchait du roi Charles IX huit cents couronnes d'or pour les 722 vers de son poëme de *Rodomont* (2). Sa vie tout entière fut une suite non interrompue de faveurs, si bien qu'enfin, revêtu du titre d'abbé de Tyron, sans avoir reçu les ordres, il mourait fort âgé, heureux et considéré, dans l'abbaye de Bonport, qui rapportait alors quelque chose comme vingt mille livres de rente.

Jamyn ne paraît pas avoir eu part aussi large, bien que son testament prouve qu'il se retira de la Cour avec une certaine aisance. Toutefois, ce n'est pas faute d'avoir, dans les vers les plus touchants, présenté de fréquentes requêtes à la munificence royale.

Voici l'*Ode de la Libéralité* (liv. I, p. 6) :

> Rien ne sied mieux aux majestés Royales
> Que d'avoir l'âme et les mains libérales ;
> Même celui qu'on trouve libéral,
> N'étant pas Roy, prend le nom de Royal.
> Vertu consiste à donner, non a prendre :
> Pour ce les Roys doivent leurs biens espandre

---

(1) Henri Martin, *Histoire de France*, t. IX, p. 343, 3ᵉ édit.

(2) Alfred Michiels, déjà cité, ibid., p. 16.

Sur les mortels qui, tout dévotieux,
Leur font honneur et les estiment Dieux,
Leur adressant prières et requêtes.
C'est ce qui fait fourmiller tant de têtes,
Tant de peuple à la Cour ondoyant :
L'ambition dans leur sein tournoyant
Les y conduit : l'un des trésors désire,
L'autre, plus brave, aux dignités aspire.

. . . . . . . . . . .

Le bon poète à bien chanter habile
Ne veut sacrer à l'immortalité
Les Rois ingrats qui ne l'ont contenté.

. . . . . . . . . .

Je vois déjà votre haute Largesse
Nous départir faveur avec richesse,
Car l'un sans l'autre est un plaisir boiteux.

Et, s'adressant directement au roi Charles IX :

Je vous escris, mon Prince magnanime.
Pour un placet, une petite rime ;
Et suis marry qu'en lieu de supplier,
Il n'est besoin de vous remercier.
Faites bientôt Calliope héritière
De ce prélat qui s'avance à la bière (1).

. . . . . . . . . . .

Puissant donneur de biens ! La fleur des bons esprits !
Accorde ma requeste, et ne mets à mépris,
Par un petit placet si peu que je demande..

. . . . . . . . . .

Les prières jamais n'offensent Jupiter,
Ni l'encens qu'à l'autel on lui vient présenter,
Ni myrrhe ni parfums, présents de l'Arabie :
L'ouvrier qui feint des Dieux les images aiméz,
Ou soit d'or ou d'argent, ou de bronze forméz,
Ne fait les dieux puissants, mais celui qui les prie.

---

(1) On se demande en lisant ce vers si cette muse n'était pas jalouse de l'abbé de Tyron, et ne demandait pas aussi une abbaye ?

Maintenant que nous avons cherché à démêler quel fut Jamyn, comment il se fit un nom dans la poésie et sut en tirer profit, quel rôle il joua à la cour de deux rois, et quelle influence son temps a exercé sur sa vie, nous essaierons d'apprécier ses œuvres en elles-mêmes.

### III.

Quelle est la valeur de Jamyn comme poëte ?

Quelle comparaison y a-t-il à établir entre lui et les poètes contemporains ? Ce serait, certes, une étude des plus intéressantes : mais un examen critique de ce genre exige tant de connaissances littéraires, un goût si sûr, un tact si parfait, qu'il serait présomptueux à moi de l'entreprendre.

Aussi, après avoir rappelé que, selon toutes les biographies, le style de Jamyn est plus naturel, plus facile et plus agréable que celui de Ronsard, dont la réputation, cependant, éclipse celle de notre compatriote, je me bornerai à faire connaître la poésie de Jamyn, déjà vieille de trois cents ans, par quelques citations qui me paraîtront propres à en faire ressortir le véritable caractère et le principal mérite, au besoin même les défauts, laissant aux impressions qui pourront en résulter, le soin de décider si Jamyn a droit à nos souvenirs et à notre estime, quelle place enfin aurait pu lui être assignée dans cette pléïade, dont le nombre rigoureux de sept était déjà au complet, lorsque son étoile commença à poindre à l'horizon.

Et d'abord, sa traduction de *l'Iliade d'Homère* —

à tout seigneur tout honneur! Ce volume a pour titre :

**LES XXIV LIVRES DE L'ILIADE D'HOMÈRE,**

PRINCE DES POÈTES GRECS,

Traduits en vers français;

**LES XI PREMIERS PAR HUGUES SALEL,**
Abbé de Saint-Chéron,

ET

**LES XIII DERNIERS PAR AMADIS JAMYN,**
Secrétaire de la chambre du Roy,

**TOUS LES XXIV REVUS ET CORRIGÉS PAR LEDICT AMADIS JAMYN,**

Avec les trois premiers livres de l'Odyssée d'Homère,

Plus une table bien ample sur l'Iliade d'Homère.

**A PARIS**

Chez Abel LANGELLIER, au premier pillier de la Grand'Salle du Palais.

**M C . XCIX.**

*Avec privilège du Roy.*

Comme on le voit, Jamyn s'est approprié, en les retouchant, les livres traduits par Hugues Salel, sous le règne de François I<sup>er</sup>; ceux-là ne seront pas l'objet de notre examen non plus que les trois livres de *l'Odyssée* placés à la suite, qui ne sont eux-mêmes que la correction d'un autre traducteur, Jacques Peletier, du Mans, ainsi que l'annonce l'édition de 1577; mais c'est dans les treize derniers livres de *l'Iliade* que nous étudierons notre poète. Cette œuvre, toute personnelle à Jamyn, est précédée de l'ode de Ronsard, dont nous avons déjà donné quelques traits, et de la dédicace où notre auteur, s'adressant au roi, débute ainsi :

Quand le hardi nocher
Veut les ondes trancher
De sa proüe escumeuse,
Il invoque devant

La faveur d'un bon vent.
. . . . . . . .
Henri, en ton honneur
J'achève ce labeur,
Haut et divin ouvrage !
Je t'adresse mes vœux :
Seul, comme un Dieu, tu peux
Me grossir le courage.

Et il termine par cette strophe heureusement cadencée, qui ne manque pas de noblesse :

De Troie les remparts,
Du roi Priam l'empire,
Le millier de navire,
Les argives soudars
Gisent dessous la terre,
Moissonnés de la guerre
Et de la faulx du tems,
Où la muse d'Homère
D'immortelle lumière
Dompte la nuict des ans.

Arrivé au texte même du poëme, je n'ai pas besoin, et pour cause, d'excuser ma réserve sur l'exactitude avec laquelle Jamyn a pu rendre l'antique Homère. De notre temps, on ne sait plus guère le grec, et, dès que la porte du lycée s'est refermée derrière le bachelier, le peu qu'il en a su est bien vite oublié. J'ai donc dû, dans une ignorance que je confesse, me contenter de rapprocher l'œuvre de Jamyn de la traduction exacte, si ce n'est élégante, que M^{me} Dacier a donnée deux cents ans plus tard, et je puis attester que j'ai été saisi de retrouver cette prose consciencieuse pour ainsi dire soumise à la mesure de l'alexandrin, coupée par la césure et enrichie de la rime, dans la poésie de notre compatriote. Sous le mérite de cette garantie de fidélité,

nous choisissons comme spécimen de l'œuvre de Jamyn trois morceaux de l'immortel poème justement
célèbres, chacun dans un genre différent : l'un c'est
la visite de Thétis à Vulcain, lui demandant de nou-
velles armes pour son fils Achille, où la simplicité
du récit a un parfum tout antique ; le second, l'entrevue de Jupiter et de Junon, dans lequel l'inimi-
table Homère a su pousser jusqu'aux limites du possible une scène conjugale, laissant tout deviner sans
rien dire ; le dernier, la prière du roi Priam rede-
mandant à Achille vainqueur le corps de son fils Hector, chef-d'œuvre de douleur majestueuse et de gé-
néreuse compassion. — Entrons avec Thétis chez
Vulcain :

### La Maison de Vulcan.

#### (Liv. XVIII, p. 267.)

Mais cependant Thétis chez Vulcan le boiteux
Parvint, et contempla sa demeure fort belle,
Excellente, étoilée, à jamais éternelle,
Que lui-même avait faite, excellent forgeron ;
Elle le rencontra, suant à l'environ
De ses soufflets venteux, hâtant un sien ouvrage ;
Car il forgeait, tournait et faisait l'équipage
De vingt trépiés pour mettre à l'environ du mur
De sa maison bâtie avec fondement sûr.

Passons la description de ces vingt trépiés.

Tandis que ses esprits en cela s'étudient
Et travaillent fort bien d'un travail diligent,
Voici auprès de lui, Thétis au pié d'argent.
Claris, qui de bouquets reluisait par la tête,
Mariée à Vulcan, s'en vint lui faire fête ;
Sitôt qu'elle la vit, accourant au-devant,
Elle lui mit la main dans la main, bien avant,

Puis la nommant lui dit : quelle chose advenue
Thétis au long habit, a causé ta venue?
Aimable et vénérable, hé! qui t'amène ici ?
Vû que par le passé tu n'en faisais ainsi,
Et ne nous fréquentais? Mais, ô! chère déesse,
Entre plus au-dedans, viens que je te caresse
Des présents d'amitié et d'hospitalité.
Après qu'elle eut usé de telle honnêteté,
Elle la conduisit plus avant en la place,
Et puis la fit asseoir (suivant sa bonne grâce)
Sur un trône enrichi de beaux cloux argentins,
Garni d'un marche-pied pour mettre les patins :
C'était un trône fait de main glorieuse :
Or la belle Claris, plaisante et gracieuse,
Appela son mari, glorieux artisan,
Disant cette parole : approche toi Vulcan !

. . . . . . . . . . . . .

Ce dit, il se leva tout de son haut entier,
D'auprès du gros billot sur qui gisait l'enclume.
Il allait boitignant, comme il a de coutume ;
Il était grand, horrible, et, si, à tous les coups,
Ses jambes çà et là flottaient sous ses genoux
Paraissantes à l'œuil tenues et déliées.
Il mit de ses soufflets les porches repliées
Loin à part du fourneau, puis serra les outils,
Lesquels à travailler il connaissait utils,
Dans un coffre achevé d'une argentine masse :
Aveques une éponge il essuya sa face,
Ses deux mains et son col épais robustement,
Et son sein tout velu ; il prit un vestement,
Il se saisit d'un sceptre, et puis en telle sorte
Il s'avança, clochant, au dehors de sa porte.

Sans doute il y a loin de cette poésie au rythme puissant et harmonieux de Corneille et de Racine, même à *la Henriade de Voltaire :* la facture en est dure, d'inutiles épithètes alourdissent le vers, et l'oreille est trop souvent blessée du cruel hiatus que

Boileau n'avait pas encore proscrit : c'est bien le vieux français aux prises avec le génie antique, s'évertuant à s'assouplir dans cet effort nouveau !

Transportons-nous maintenant sur le mont Ida, à l'entrevue mystérieuse du couple souverain de l'Olympe : voyons comment, dans un temps où les choses se disaient et s'écrivaient si crûment, même en les adressant aux dames, notre Chaourçois se sera tiré de ce passage, qu'après tout, notez-le bien, on explique au collége, et qu'au besoin M^me Dacier aide à comprendre : Hé bien, celle-ci sous les yeux, nous attestons que, sauf deux expressions longtemps encore acceptées dans le beau langage, et dont Molière, maintes fois, offre l'équivalent dans toute leur nudité, le poète du XVI^e siècle a rendu cette scène avec sa couleur homérique, et n'y a rien mis du style en usage à la cour de Henri III.

**Jupiter et Junon au mont Ida.**

**(Liv. XIV, p. 223.)**

Tandis, sur le sommet de Gargare Idéen
Monta légèrement le pied Junonien :
Soudain par Jupiter elle fut aperçue,
Qui devint amoureux, aussitôt qu'il l'eut vue.
Amour enveloppa sa prudente raison,
Comme lorsqu'il jouit de sa jeune saison
Au desceu des parents : il vient au-devant d'elle,
Lui-tient un doux propos, et par son nom l'appelle :
Junon ! mais quel dessein te fais venir ici,
Vu que tu n'as chevaux ni charriot aussi
Où tu puisses monter ? Junon dont la pensée
Était à tromperie et malice poussée,

(Car son esprit en ruse et finesse est savant)!
Pour tromper son mari, mit ces mots en avant :

Passons sur le prétexte mensonger qu'elle débite
à son crédule époux.

Jupiter, qui la nue amasse parmi l'air,
Lui répondit ainsi : tu auras tems d'aller
Ci après où tu veux, mais devant je te prie,
En la couche esbattons notre immortelle vie,
Et nous tournons ensemble à l'amoureux plaisir ;
Non jamais, de déesse ou d'autre, le désir
N'a de telle façon ma poitrine persée
D'une douce poison à l'environ versée ;

Ici, Jupiter rappelle et dénombre avec complai-
sance toutes ses conquêtes... Passons encore !

Même quand je t'aimai je ne fus tant épris,
Qu'ores qu'un si doux charme enlève mes esprits !
A ce propos, lui dit Junon la cauteleuse :
Eh ! qu'est-ce que tu dis de bouche peu honteuse ?
Si maintenant l'amour une envie te met
De coucher avec moi sur l'Idéen sommet,
Que serace de moi ? (car la cîme déserte
Est de tous les côtés en vüe descouverte).
Si quelque Dieu nous voit au jeu délicieux
Il accourra soudain à la troupe des dieux,
Et leur contera tout : craignant d'être moquée
Plus n'oserai monter en ta maison voûtée.
Pour fuir cette honte, oh ! Jupin, si tu veux,
Tu as la chambre à part, que ton Vulcain boiteux
T'a gentiment bâtie et a pendu les portes
Aux poteaux engontés, bien épaisses et fortes :
Allons là pour coucher, puisque c'est ton plaisir.
De te mêler à moi par amoureux désir.
A cela répondit Jupin amasse-nue :
Junon ne crains d'un Dieu ni d'un homme être vue ;
D'un nuage doré le voile j'espandrai,
Et notre embrassement invisible rendrai,

Si, que le soleil même, en faisant sa carrière,
Ne l'apercevra point en sa vive lumière,
Bien que ses rais aigus puissent tous lieux percer.
Ainsi dit, et sa femme il s'en vint embrasser !
Sous eux la terre-mère un printems renouvelle,
Elle produit mainte herbe et mainte fleur nouvelle,
La lote roussoïante et saffrant jaunissant,
Et le bel hyacinthe en pourpre rougissant.
Cette florissante herbe était épaisse et molle ;
Là mollement couché chacun d'eux s'entr'accolle,
En un beau lit de fleurs qui haut les soulevait ;
Le nuage doré, de çà de là, pleuvait
Mainte goutte luisante et mollette rosée,
Dont la montagne était environ arrosée.

## Terminons par la prière du roi Priam.

(Liv. XXIV, p. 368.)

Telle fut sa prière : ô magnanime Roi,
Achille aux dieux pareil, ores souvienne toi
De ton père qui est en l'âge de faiblesse,
Comme moi sur le seuil de la triste vieillesse.
Paisible, des voisins, tandis que tu es loin,
Lui donnent du travail, et personne au besoin
Ne repousse de lui le désastre et nuisance :
Toutefois, en son cœur, il prend réjouissance,
Pendant que tu vis, et si, espère un jour,
Au partir de ce lieu, te voir de retour :
Où, moi misérable et d'heure infortunée,
Après qu'à tant d'enfans j'ai naissance donnée,
Qui excellaient beaucoup, je ne puis assurer
Aucun de tous ceux-là ores me demeurer :
J'avais cinquante fils quand vintes en Asie.
Onze d'un même ventre avaient fait leur sortie :
Les autres étaient d'autres femmes sortis :
Mars a voulu que tous ont eu mauvais partis.
Celui qui seul restait et gardait notre ville
Et duquel, à nous tous, la force était utile,
Est mort dessous ta main, pour son païs très-cher !
Pour cela, maintenant, je te viens rechercher,

Et pour le racheter, force biens je t'apporte :
Aie pitié de moi : ton père est de ma sorte
Sinon que plus que lui, je suis calamiteux :
Remets l'en ta mémoire, et sois respectueux
En ce qui va touchant des dieux la révérence.
Il n'y en a un seul, de mortelle naissance,
Qui plus ait enduré que moi, plein de malheur ;
Même qui suis contraint jusqu'à telle rigueur,
Qu'or je baise tes mains, et cet homme j'embrasse,
Qui seul est homicide et tueur de ma race.
Achille qui l'ouit faire ainsi mention
De son père Pelée en eut compassion :
Il eut faim de plorer, et de façon honnête
Recula le vieillard qui faisait sa requête.
Ils pleuraient tendrement, l'un pour son fils Hector,
L'autre pour son Pelée, et quelques fois encore
Pour son ami défunt, qui touchait sa mémoire.
Priam tout lamentable ainsi qu'il se peut croire,
Roulait devant les pieds de cil qu'il suppliait ;
Mais Achille, voyant comme il s'humilliait,
Le leva de sa main, après qu'il eut soulée
Son âme de pleurer pour son père Pelée,
Et que tel appétit fut parti de son sein :
Voyant le roi Priam qui d'ennuis était plein,
Qui avait le chef blanc et la barbe chenue,
De tel mots, il montra sa pensée être émue :
Ah ! pauvre infortuné, tu as souffert beaucoup !
Mais comme as tu osé t'en venir à ce coup,
Tout seul, de vers celui qui a privé de vie
Tous tes braves enfants ou la plus grand'partie.
Ton cœur est bien de fer ! sus, vient te reposer
Assis-toy et laissons nos douleurs s'appaiser.

Puissent ces citations, trop longues peut-être,
nous autoriser à regretter que M^me Dacier, pour
n'avoir pas connu l'œuvre de Jamyn, ait pu, dans
sa préface de l'*Iliade* (p. xxxvii), avancer cette
opinion : « Les poëtes traduits en vers cessent d'être
» poëtes. »

Certes, ce n'est pas au milieu de nous, en présence de l'heureux traducteur des *Odes d'Horace* (1), que M^me Dacier aurait osé s'exprimer ainsi et ajouter (*ibid.*, p. xxx) : « Quand on me fera voir une bonne » traduction d'Homère en vers, je la verrai avec un » très-grand plaisir, et serai la première à applaudir » à cette nouvelle; mais je doute qu'un poëte qui » aura bien lu l'original et bien senti toute sa beauté, » toute sa force, ose la hasarder. »

Nous nous bornerons à répondre : Jamyn avait bien lu l'original, il en avait senti la force et la beauté; de plus, il a fait ce que n'a pas fait M^me Dacier : il est allé relire Homère sur les ruines de Troie, et il a osé le traduire en vers français qui supportent la lecture aussi bien qu'aucuns de ceux éclos au seizième siècle, y compris ceux de toute la pléiade de Ronsard.

## IV.

En abordant le volume de Jamyn, intitulé *Poésies*, on éprouve une sorte de soulagement. — Les entraves de la traduction ont disparu. — C'est bien le poëte français livré à lui-même, à sa verve gauloise : c'est bien l'enfant de ce siècle galant, dansant et rimant au milieu de la guerre civile, les pieds dans le sang des massacres religieux, déchiré par les ambitions de familles se disputant un trône avili : siècle tout païen sous les dehors d'une foi inexorable ! Pour

---

(1) M. le baron Doyen, receveur général de l'Aube, président annuel de la Société Académique de l'Aube.

Jamyn, tout est matière à couplets, avec grand ren-
fort de mythologie et d'allégories. Le 1<sup>er</sup> volume est
intitulé :

**LES OEUVRES POÉTIQUES D'AMADIS JAMYN,**
Revues, corrigées et augmentées pour la seconde impression.
— AU ROY DE FRANCE ET DE POLOGNE. —

Au-dessous se trouve la vignette des Estienne,
l'illustre famille d'imprimeurs, représentant un oli-
vier dont un personnage abat quelques branches,
avec cette devise :

*Noli altum sapere, sed time* (1).

Et pourtant ce n'est pas un Estienne qui a im-
primé ce livre daté de 1577, car le titre ajoute :

— A PARIS —
Par Mamert Patisson, au logis de Robert Estienne.

Hélas ! c'est que le maître de la maison, persécuté
pour ses croyances religieuses, comme tant d'autres
illustrations, s'était réfugié à Genève, tandis que ce
Patisson, quelqu'ami dévoué sans doute et non sus-
pect d'hérésie, administrait l'imprimerie pendant
l'exil.

En effet, 1577, c'est bien cette année-là que les
états de Blois venaient de se proclamer contre la nouvelle religion, et que la Ligue toute-puissante ré-
pandait dans les provinces ses redoutables formu-
laires.

N'est-il pas vrai de dire, ainsi que nous le faisions
en commençant, que ces vieux livres ont comme un
parfum de leur temps ? Voilà que celui-ci, dès le

---

(1) Saint Paul aux Romains, ch. XI, v. 19 et 20.

frontispice, est toute une page d'histoire ! Que sera-ce donc, lorsqu'en le parcourant, nous verrons les règnes de Charles IX et Henri III s'y dérouler en odes, sonnets, stances, couplets et chansons, en épîtres, discours, hymnes et élégies, en épigrammes, épithalames et épitaphes, — au total 533 morceaux de tous rythmes renfermant environ dix-huit mille vers !

Pourtant il semble que Jamyn, tout en laissant sa muse s'abandonner aux exigences et aux licences de son temps, et, comme s'enivrant aux fêtes et aux intrigues de la Cour, ne peut échapper au cri de sa consciense. A chaque instant, au milieu du nuage d'encens qui l'enveloppe, au plus ardent de ses transports de galanterie, tandis que son vers coule à plein bord d'images au moins hasardées, il rentre tout à coup en lui-même, et alors s'élance de son cœur, dans une formule vive et exaltée, une pensée morale, philosophique ou religieuse qu'il jette, en la guillemettant, au travers de son couplet. Ainsi, écrit-il, sous la forme de l'hymne, une épitre pour Catherine de Médicis au duc d'Anjou, depuis Henri III, le seul de ses trois fils qu'elle ait aimé, on y trouve guillemettées çà et là ces belles pensées :

P. 39.    Un brave cœur n'achève rien de grand
           Aux Immortels si louange il ne rend.

P. 40.    Dieu tout voyant est toujours du costé
           Du juste droit, et tient pour l'équité.

*Ibid.*    Ce qu'on fait pour le bien du pays
           D'un bon augure est toujours entrepris.

Chante-t-il la forge où Charles IX se plaisait à noircir ses royales mains, comme devait le faire,

deux siècles après, le roi Louis **XVI** (bizarre co-
incidence entre deux races à leur déclin)! il s'é-
crie (p. 60) :

> La vertu ne se peut céler :
> Son feu qu'on voit estinceler
> Bien loin en mille divers lieux
> Se vient descouvrir à nos yeux :
> Astre qui dessus tous éclaire,
> Vraie lumière des mortels!

Je ne saurais résister, pour faire apprécier tout à
la fois et la verve et la philosophie de Jamyn, au
plaisir de citer ici ses couplets pour la fête des Rois
(liv. **V**, p. 240).

> Crions tous le Roi boit!
> De forte haleine
> Vuider ores se doit
> La tasse pleine.
>
> Elisons quelque Roi
> Qui aime à boire !
> Le vin chasse l'esmoi
> De la mémoire.
>
> Amis, en ce repas
> Buvons sans trève;
> Nous n'élirons là-bas
> Un Roi de Fève.
>
> Aux Louvres aussi bien
> Qu'aux Maisonnettes,
> La mort n'épargne rien
> De ses sagettes.
>
> Il ne nous faut nourrir
> Longue espérance ;
> On voit souvent mourir
> Qui, sain, n'y pense.

Cette chanson pleine d'entrain mêlé de douce tris-
tesse, n'est-elle pas comme un avant-coureur de Bé-

ranger ? et, lorsque quelque vingt ans plus tard
Malherbe écrira cette strophe devenue si célèbre :

> Et la garde qui veille aux barrières du Louvre
> N'en défend pas les Rois.

n'aura-t-il pas réminiscence de ces vers gracieux de
Jamyn :

> Aux Louvres aussi bien
> Qu'aux Maisonnettes ?

ou pour mieux dire n'ont-ils pas tous deux puisé à
cet Horace qu'on retrouve partout où la grandeur
de la pensée est relevée par le charme de la poésie ?

Pourtant il faut le reconnaître, si Jamyn a su trouver d'heureuses inspirations même dans ses œuvres
de longue haleine, comme son poème de la chasse
et le touchant récit des amours de Pyrame et de
Thisbé, son triomphe, c'est l'ardente expression d'un
cœur épris s'adressant à l'objet aimé, c'est la vive
peinture de la beauté qui le séduit. Quoi de plus
gracieux que cete ode à Oriane (p. 93) ?

> Si la beauté périst, ne l'épargne, Maistresse,
> Tandis qu'elle fleurist en sa jeune vigueur !
> Crois-moi, je te suppli, devant que la vieillesse
> Te sillonne le front, fay plaisir de ta fleur.
> On voit tomber un fruict quand il est plus que meur (mûr),
> Ayant en vain passé la saison de jeunesse ;
> La feuille tombe après, jaunissant sa verdeur
> Et l'hiver sans cheveux tous les arbres délaisse.
> N'espargne donc la fleur qui n'a que son printemps ;
> La donnant, tu n'y perds, mais tu jouis des ans.

Veut-il détacher Oriane des liens d'un hymen mal
assorti ?

> La belle Aurore, honneur de l'Orient,
> Qui de son teint tout le monde redore,
> Près de Tithon plus ne s'abuse encore,

> Car il ne vaut un plaisir si riant :
> De son vieillard bien peu se souciant
> Lorsque d'amour le doux soin la dévore
> Elle s'en va vers l'Ami qui l'honore,
> En mille jeux sa jeunesse employant.
> Vous qui semblez à l'aurore vermeille,
> Puisqu'en beauté vous lui êtes pareille,
> Faites comme elle : en lieu de son vieillard
> Aux doux ébats de l'amour inutile,
> Elle, pour lui trop jeune et trop gentile,
> Sait bien choisir un Céphale gaillard !

Il y a bien là quelques mots hasardés qui nous effaroucheraient dans un auteur moderne :

> Si le français d'alors bravait l'honnêteté,
> Le lecteur aujourd'hui veut être respecté.

Cependant cette étude est de l'histoire ; il faut bien lui conserver sa physionomie ; et, si dans quelques citations, malgré la réserve de mes choix, il échappe quelques vers douteux, permettez-moi de placer Jamyn et son historiographe sous l'égide d'une dame, qui inscrivait en tête de ces poésies :

> Vous doctes, vous guerriers, vous dames vertueuses,
> Prisez, chantez, lisez ces beaux, doux, chastes vers ;
> C'est par eux que nous sont saínctement descouverts
> Les mystères sacrés des flammes amoureuses.
> Vous ne verrez ici ces amours peu honteuses,
> Qui d'impudicité sèment tout l'univers....
> . . . . . . . . . . . . . . .
> Et l'honneur à bon droit s'en rend aux neuf Pucelles,
> Et ces chants amoureux plaisent aux Damoyselles !

Et elle signait : Catherine de Malesset.

Toutefois, n'en déplaise à dame Catherine de Malesset, il est certains morceaux tels que le *Baizer* et le *Chantre du Roy*, qui, nulle part, ne se pourraient lire à haute voix.

Risquons cependant un passage de l'*Elégie à la Volte !* Quaud on saura que la volte était une danse provençale qui faisait fureur à la cour, peut-être trouvera-t-on le titre singulier : *Elégie sur une danse !* mais il faut se souvenir qu'élégie se dit d'un morceau de poésie tendre aussi bien que d'un sujet triste.

Voici donc l'élégie que Jamyn prête à Charles IX chantant son entraînement à cette danse avec la belle Callyrée, lisez Marie Touchet (p. 115) :

> Quand, aux flambeaux, la provençale danse
> Me fait jouir de ton corps embrassé,
> Flanc contre flanc près du mien enlacé,
> Je porte au dos des ailes inconnues
> Qu'Amour m'attache, et vole dans les nues.
>
> . . . . . . . . . . . . . .
>
> Donc en dansant j'ai le corps si léger,
> Que loin de terre au ciel j'irais loger,
> Aigle d'Amour. . . . . . . .
> Las ! que ferais-je en cette maison haute
> De Jupiter, si de toi j'avais faute?
> Et quel plaisir aurais-je entre les dieux
> Sans le beau jour des Astres de tes yeux?
> Ha ! tant s'en faut que monter je voulusse
> Au ciel sans toy, bien que voler j'y pusse !

Rien n'est plus séduisant que les portraits d'Oriane, d'Arthémis, de Callyrée et de tant d'autres belles qu'il a célébrées soit pour son propre compte, soit pour celui de son royal maître : rien n'égale la vivacité des couleurs de sa poétique palette ; seulement, il faut parfois voiler la moitié du portrait.

A Oriane (liv. II, p. 74) :

> Cent et cent fois le jour en mon esprit repasse
> La première rencontre où je perdis l'audace,

Quand, peu me deffiant, je te vis sur les bords
De Loire au large cours : l'ornement de ton corps,
Ton pié, ta belle grève (jambe) et tout ce qui s'honore
De toucher à ton corps, me reviennent encore,
Mais bien plus tes cheveux, qui d'un or non pareil
Surmontent la blondeur des rayons du soleil,
Tant ils sont blonds-doréz !

Ici je m'arrête : le reste du portrait prend la nature trop sur le fait.

Voilà pour la blonde Oriane ;

Voici pour la brune Arthémis (liv. IV, p. 132) :

Alors que je te voy, je voy tout l'heure du monde,
J'ai tous les biens du ciel et de la masse ronde ;
Jouïssant de l'éclair de tes astres jumeaux,
Je jouis du ciel et de tous ses flambeaux.
Le poil de tes cheveux, qui tout le cœur m'enlace
Toutes les toisons d'or et toute soie efface :
Le blanc et le vermeil de tes membres polis
Fournissent en tout temps les Roses et les Lys.
. . . . . . . . . . . . . . .
Ta longue et blanche main, tout ce qu'elle touche, honore,
Et méprise la main de l'Indienne aurore.
. . . . . . . . . . . . .
Un ivoire poli fait l'aire de ton front,
L'ébène tes sourcils. . . . . .
Quand, Belle, je te vois sourire doucement,
J'apperçois mainte perle arrangée uniment.

Arrêtons-nous encore : l'inventaire des charmes d'Arthémis devient d'une précision embarrassante !

Admis aux fêtes de la cour, Jamyn n'a garde d'oublier les mascarades qui plaisaient tant à Henri III; entr'autres la Mascarade des pionniers (p. 229) est fort pittoresquement versifiée, mais la description de l'outillage du pionnier qui perce les forteresses les mieux défendues et comble les fossés profonds, fourmille d'allusions si transparentes, qu'il faut renoncer à en rien citer. C'est qu'alors, ces folies importées d'Italie par la Florentine couronnée, servaient d'aliment aux intrigues de toute nature de la Cour, qui ne pouvait s'en rassasier !

« Le Roy, dit l'Estoile, faisait force mascarades, où il se montrait ordinairement habillé en femme, ouvrait son pourpoint et découvrait sa gorge, y portant un collier de perles et trois collets de toile, deux à fraise et un renversé, ainsi que le portaient les dames de la Cour. »

Et Agrippa d'Aubigné, moins admirateur que certains poètes gagés, a flagellé de ces vers acérés la coquetterie hermaphrodite du Roi des Mignons :

> Pour nouveau parement il porta tout ce jour
> Cet habit monstrueux pareil à son amour :
> Si, qu'au premier abord, chacun était en peine,
> S'il voyait un Roi *femme*, ou bien un homme *reine*.

Le cinquième livre intitulé *Meslanges*, fait passer en revue le personnel de cette Cour : les illustrations de tout genre y apparaissent tour à tour pour recueillir l'impôt de louanges que leur devait le poète officiel : c'est presqu'un cours d'histoire.

A Villeroy, le ministre dévoué et habile de Henri III, Jamyn adresse cette flatterie assez fade, en changeant une lettre de son nom :

> Pour rencontrer sur ton nom, Vileroy,
> Et tes effets en un seul mot comprendre,
> En lieu d'une L il ne faut qu'un C prendre,
> Et ton vray nom sera VICEROY.

Dans cette galerie de personnages plus ou moins célèbres, il en est un qui se dresse avec sa sévère illustration, c'est Guy Faure de Pibrac, ambassadeur au Concile de Trente, avocat général, puis président à Mortier au Parlement de Paris, qui ne put arriver à la dignité de Chancelier pour avoir, dans ce quatrain, formulé la raideur de ses principes :

> Je hais les mots de puissance absolue,
> De plein pouvoir, de propre mouvement :
> Aux saints décrets ils ont premièrement,
> Puis de nos loix la puissance tollue.

Apparaît à son tour Bassompierre; pour son mariage avec M<sup>lle</sup> de Radeval, Jamyn lui rime un épithalame où de fort jolies choses sont gâtées par des peintures qui, de nos jours, sembleraient bien peu présentables à une jeune mariée.

Enfin, nous remarquons une élégie sur un nom historique de la Champagne : Ferry de Choiseul sieur de Praslain, époux d'Anne de Béthune, dont le château de Praslain, voisin de Chaource, laissait des ruines visibles encore à la fin du siècle dernier. Ferry tombe en combattant au milieu des guerres de Religion, et Jamyn place dans sa bouche ces vers touchants :

> « Mourant, il dit : O ! vie fortunée,
> Pour le grand Dieu, pour ton Roy destinée !
> Je n'ai regret que tu départs de moy !
> Tant seulement mon cœur est en esmoy,
> D'abandonner mon Anne de Béthune

> . . . . . . . . . . . . . . .

Cette revue nous mènerait trop loin : il faut la clore par les vers, je dirai presque les mauvais vers, mais, à coup sûr, les coupables vers que Jamyn eut la faiblesse d'adresser à M<sup>lle</sup> de Chateauneuf, la maîtresse avouée de Henri III, bravant la Reine au milieu des solennités de la cour et jusques dans la fête de famille, où se tirait la fève des rois. *(Mélanges, p.* 282.)

> L'éclair de tes regards, ta vertu, ta beauté,
> Méritent que tu sois Reine toute ta vie,
> Non un soir seulement par la fève choisie,
> Qui ne donne qu'un jour sa feinte royauté !
>
> . . . . . . . . . . . . . . . . . . . .
>
> Règne au cœur de tous ceux qui t'osent regarder !
> Comment ta majesté ne serait-elle grande,
> Puisqu'aux grands, aux héros elle commande?
> Est-ce pas être Reine à ce point commander ?

Et de peur que la postérité ne s'y trompe, il joue en vers plus mauvais encore s'il est possible, sur le nom de cette Chateauneuf, qu'il compare à une place de guerre, pour en célébrer la prise.

Je me reprocherais de laisser Jamyn sous la fâcheuse impression de ces derniers vers. Sa muse, parfois s'est inspirée au flambeau de la religion : mais alors a-t-elle vraiment été à la hauteur du sujet ? Citons l'ode qui a pour titre :

**Que prier Dieu est œuvre nécessaire à un chrétien.**

(Liv. 1, p. 12.)

> Comme un cristal poli prend en sa polissure
> Et représente mieux une lumière pure
> Ou quelqu'autre beauté, qu'un raboteux miroir ;
> Ainsi une belle âme en sa clairté fait voir
> La lumière de Dieu dissipant les ténèbres,
> La terreur et l'horreur des tempestes funèbres.
> Car sans lui rien de bon n'arrive à nos cœurs,
> Et l'orgueil bien séant à tous ses serviteurs,
> C'est ne servir au vice ou à choses infâmes
> Qui perdent la franchise et liberté des âmes.
> La prière en cela profite infiniment :
> Elle y sert de racine et de vray fondement.
> Les arbres qui les eaux par la racine boivent
> N'apportent aucun fruit, alors qu'ils ne reçoivent

L'humidité fertile. Aussi nous ne pouvons
Etre chargés des fruits qu'à l'Eglise nous devons,
Si l'humble piété, pleine de joie et de crainte,
N'arrose nos esprits par la prière sainte.

. . . . . . . . . . . .

Les images sont ternes, et l'expression relâchée;
de plus, selon le goût de son tems, Jamyn a fait trop
souvent un mélange fâcheux du sacré et du profane.

Je n'aime pas son ode sur la confession d'Arthémis (p. 164); de mondaines pensées sont accolées
aux choses les plus saintes :

> Que sert de confesser, par humble repentense,
> Abaissant tes beaux yeux devant Dieu, ton offense
> Et tes péchés aussy, puisque tu ne rends pas
> Mon cœur pris en tes lacqs ?
> Plusieurs ans sont passés que ta main larronesse,
> Volant ma liberté, s'en rendit la maîtresse.
> Si tu veux que le ciel entende à ta clameur,
> Redonne moi mon cœur !

Et il va jusqu'à dire :

> Que si le confesseur du péché te délie
> Affranchissant ton âme, en cela ne te fie :
> L'éclair de tes beautés l'a si bien ébloui
> Qu'il ne t'a point ouy.

Dans ce genre détestable on peut signaler encore
les morceaux suivants :

> P. 167.    *Sur les martyrs.*
> P. 168.    *Sur la Résurrection du Christ.*
> P. 187.    *Sur le jour des Cendres.*
> P. 188.    *Sur la Toussaint.*
> P. 279.    *Sur un Agnus Dei.*

N'oublions pas cependant, tout en blâmant Jamyn, que les exemples de rapprochements bien au-
trement odieux, lui venaient d'en haut : dans cer-

tains oratoires de la Cour, disent les chroniques, on reconnaissait sur la croix des traits, devant lesquels jamais ne s'agenouilla un chrétien, et, sous le voile de la sainte des saintes, les figures bien connues des Messalines du jour!

## V.

Nous arrivons au deuxième volume des poésies de Jamyn, publié en 1584 (1).

On lit dans Moréri « que l'auteur dès le com-
» mencement de ce nouveau Recueil proteste qu'il
» ne parlera pas d'amour, et demande pardon à
» Dieu d'avoir écrit sur ce sujet ; mais, ajoute le bi-
» bliographe : il fait voir dans la suite combien peu
» l'on doit compter sur les serments des poètes. »

En effet, nous ne saurions tenir compte à Jamyn d'une soixantaine de prières versifiées, alors que deux

-----

(1) Ce volume est indiqué par tous les biographes comme extrêmement rare : il manque à la Bibliothèque de Troyes, et nous ne connaissons dans la patrie de Jamyn personne qui le possède. A Paris, il manque à la Bibliothèque Mazarine, même à la Bibliothèque Impériale, où il est cependant catalogué, mais il paraît avoir subit le sort de tant d'autres dépréciations. C'est à la Bibliothèque de l'Arsenal que nous l'avons trouvé, établissement dont la richesse devrait venir aux secours de ses sœurs déshéritées, car il y a là trois éditions des poésies complètes de Jamyn. Deux d'entr'elles, celles de 1577 et de 1582, présentent les deux volumes réunis en un. L'édition de 1597, publiée après la mort de Jamyn, est en deux volumes. La reliure indique, dit-on, que ce charmant exemplaire vient de la bibliothèque du lieutenant-général de La Vallière, membre de l'Académie des Sciences, l'un de nos plus grands maîtres dans la science de l'artillerie.

cent trois sonnets le ramènent invariablement à ses idées de galanteries. Mais ce qui nous a profondément affligé, ça été d'y rencontrer les vingt-six sonnets du deuil de Cléophon, qui ne sont autre chose que les regrets de Henri III, privé par le sort d'un duel de trois de ses mignons ; leurs noms y figurent tout au long ; le poète a su les enchâsser dans son vers : il feint un songe où la vision lui parle :

« Ecris, me dit-il, ce que je vais te dire,
» Afin que d'âge en âge on puisse le relire ;
» Caillus et Saint-Megrin, et Maugiron aussy
» Ayant quitté la terre et tout humain soucy,
» N'ont toutefois quitté la douce souvenance
» De Henry leur Seigneur, père et Roi de la France. »

Puis vingt-six fois, sa muse, aussi féconde qu'obséquieuse, célèbre en images les plus diaphanes les mérites des défunts et les élans de l'affection royale.

Hâtons-nous de dire, non pour l'excuser, mais pour achever de peindre son temps, que Philippe Desportes, l'abbé de Tyron (1), rima pour le repos de l'âme de ces mêmes trois mignons une prière que l'abominable roi plaçait dans son livre d'heures, la récitant dévotement, tandis que le peuple de Paris la parodiait ainsi :

Seigneur, reçois en ton Giron
Chomberg, Quelus et Maugiron (2).

Avant de quitter ce volume que terminent des discours sur la philosophie, telle qu'on l'entendait alors, boursoufflée de scholastique, nous y signalons

---

(1) Œuvres de Philippe Desportes, Alfred Michiels. Paris, 1858. Préface, p. xxxvii.

(2) *Journal de l'Estoile*, avril 1578.

seulement, à cause de sa dédicace, une pièce intitulée *de l'Excellent philosophe*, à M. Yves Le Tartier, doyen de Saint-Etienne de Troyes, qui, par parenthèse, devint l'un des plus entêtés ligueurs, et périt sur les barricades troyennes d'un coup d'arquebuse, dans la nuit du 3 octobre 1590 (1).

Il faut croire que Jamyn a fini par se lasser du métier que sa charge lui imposait; car Henri III régnait encore lorsqu'il quitta la cour. Du reste, il n'avait point oublié son pays; aux dernières pages de l'histoire de son volume de poésies, nous tombons avec bonheur sur un cartel, où prenant chaudement la défense des Champenois, contre ce banal reproche de bonhommie qui a fourni un malin proverbe, il dit (p. 264) :

> Des Champenois souvent tu blâmes l'ignorance,
> Qui n'ont point aux procès l'esprit bien tendu
> Pour discuter leur droit d'un autre prétendu,
> Ou déguiser le faux d'une vaine apparence.
> . . . . . . . . . . . . . . . . . .
> La piété. . . . . . errant par l'univers,
> Après avoir laissé mille peuples divers,
> Planta ses derniers pas au païs de Champagne.
> Le vice, extrême ailleurs, y naît tant seulement.
> . . . . . . . . . . . . . . . . . .
> S'ils n'aiment les procès que la fraude accompagne,
> C'est faute de malice et non d'entendement.

Cette dernière citation nous sert de transition naturelle, pour abandonner avec Jamyn la cour de Henri III, et le suivre en Champagne dans la petite ville de Chasource.

---

(1) Grosley, ibid V^bo Le Tartier (Yves).

## VI.

Celle-ci, protégée par un château fortifié et par une enceinte flanquée de tours, située aux confins de la Champagne et de la Bourgogne, successivement occupée par les partis vainqueurs, n'avait point échappé à la tourmente des guerres civiles et religieuses qui ont agité et ensanglanté la France pendant la dernière moitié du xvi<sup>e</sup> siècle. L'histoire, qui ne peut s'occuper des petites localités, ne saurait nous raconter quelles furent les souffrances des habitants de Chaource, trop rapprochés de la ville de Troyes pour n'en avoir pas ressenti les terribles secousses ; mais les archives départementales, à l'aide de notre savant et infatigable archiviste, M. D'Arbois de Jubainville, viennent nous les révéler en partie. On voit qu'en 1568 (1), ils se réclament du roi pour se soustraire à un impôt de cinq sols par muids de vin, dont était tenue chaque ville close : ils se plaignent qu'on y veuille soumettre « le dict lieu de Chaource, encores qu'il ne soit ville close, ains un lieu champêtre, commencé à fermer du tems du feu roy François, et non achevé de fermer, pour la pauvreté et impuissance des dicts supplians, subjects à loger toute sorte de gens de guerre tant à cheval que à pied, et contribuables a toutes tailles et taillons. »

Jamyn n'avait jamais perdu de vue sa ville natale :

---

(1) D'Arbois de Jubainville.— *Voyage paléographique dans le département de l'Aube*, 1855, p. 68. (Archives de Chaource.)

et, plein de reconnaissance pour les lettres auxquelles il devait ses succès, il résolut d'y fonder un établissement qui offrît à la jeunesse de Chaource un avenir aussi glorieux.

En 1584, pendant que l'on réimprime ses dernières œuvres, il quitte Paris, arrive à Chaource et fait aux habitants donation d'une maison située dans cette ville « pour y faire ung collége, pour y enseigner et faire instruire les enfants du dict Chaource et autres lieux (1). »

Le 15 mai 1591, voulant consolider la fondation de son collége et procurer à la cité, dévastée par les guerres, d'utiles réparations, il dicte ainsi son testament (2) aux notaires du lieu.

« Considérant que nous ne sommes pas nés pour nous seulement, mais aussi pour la patrye, parens et amis. » Et plus loin : « Etant dûment informé que la jeunesse de Chaource (lieu de sa naissance) demeure la pluspart sans instruction aux bonnes lettres, pour n'y avoir aulcun homme docte au dict Chaource, qui y tienne escholle publique, et que cela procède de ce qu'il n'y a aulcun gaige ou pension ordinaire pour ceux qui s'y peuvent présenter, le dict testateur veut, entend et ordonne, que sur les biens qu'il a dès à présent et aura lors de son décès, il soit pris. . . . . . . »

Suivent les dispositions que nous résumons ainsi : Un fonds de 300 livres de rente (la livre valait, vers la fin du XVIe siècle, plus de 10 francs), dont « cin-

______

(1) Archives départementales de l'Aube. — *Voyage paléographique*. ibid, 62.

(2) Ibid, 90.

quante écus (l'ecu valait 3 livres) de gaiges à un homme docte et capable pour tenir les escholles publiques..... et cinquante écus pour la réparation des portes, pontz, pavez et murailles dudict Chaource, et pour aultres commodités et embellissements de la dicte ville. »

Les charges de cette disposition sont : « Un *Te Deum* le jour de la Saint-Nicolas de may, et une messe haute avec Vigilles (au son des grosses cloches), pour le repos de l'âme du dict testateur au jour de la fête de sainte Barbe en décembre. »

Jamyn n'ayant point eu, au baptême, de saint patron (car tous les actes les plus authentiques de sa vie ne lui donnent que le prénom d'Amadis), nous supposons qu'il honore ainsi la mémoire de son père et celle de sa mère, en invoquant leurs saints patrons.

Ce souvenir de famille et cette pieuse intention résultent expressément de la clause suivante :

« Aux charges aussi, que ledit régent ou principal instruira douze escholliers les plus pauvres du dict lieu de Chaource sans prendre les mois ni aulcun gaige d'iceulx ; lesquels douze escholliers seront tenus, en mémoire du dict testateur, de chanter par chescun dimanche, yssüe de la grande messe parocchiale, un *De profundis* et la Collecte *en la chapelle du feu père du dict testateur, dedans l'église du dict Chaource* (1). »

---

(1) « M. Beneyton, déjà cité, pense que cette chapelle pourrait être celle connue aujourd'hui sous le nom de S Jean Décollasse. Il ajoute : « on dit qu'un caveau, sur lequel elle est bâtie, a été ouvert il y a quelques années, et qu'on n'y a trouvé que quelques planches de cercueil vermoulues. On m'assure

A la vérité, ces prénoms ne sont pas ceux indiqués dans la note manuscrite de M. Thiesset : mais Amadis le père pouvait avoir, pour se recommander à l'intercession sainte, un patron plus catholique, et sa mère ajouter au nom de Marie celui de sainte Barbe. Sans cette interprétation, d'ailleurs si acceptable, ces deux clauses resteraient inexpliquées.

En tous cas, si nos suppositions au sujet de ces deux anniversaires manquent de fondement, du moins restera-t-il certain que notre poète, privé de saint patron, aura voulu se mettre sous la double protection de saint Nicolas et de sainte Barbe.

Voilà pour la piété.

Viennent ensuite les dispositions où percent les préoccupations mondaines.

Finalement, « d'avoir, à la porte et lieu plus éminent de la maison où se tiendront les dictes escholles, un tableau de cuyvre fort éminent et apparent, au quel seront escripts en grosses lettres, du caractère et longueur de deux pouces au moinge, les mots qui s'ensuyvent :

CÉANS EST LE COLLÈGE
DE CHAOURCE, ACHEPTÉ
ET FONDÉ PAR NOBLE
HOMME AMADYS JAMYN
SECRÉTAIRE ET LECTEUR
ORDINAIRE DE LA CHAMBRE
RU ROY, S<sup>eur</sup> DE BASLY.

Enfin, « le dict testateur ordonne à ses exécuteurs

---

encore qu'une inscription existe sur les dalles de la chapelle; mais je n'ai pu la vérifier à cause d'un plancher qui y a été établi, et qu'il serait très-difficile de soulever. (Voyez p. 134.)

et aux syndics du dict Chaource de faire attacher sans y faillir, au dessus de deux portes de l'église du dict Chaource, par le dehors, en lieu fort éminent, deux tables de cuyvre, où sera fait mention en grosses lettres gravées, des choses ci dessus..... et que par le laps de temps mémoire ne s'en perde : lesquelles tables ils feront nettoyer et laver deux fois l'an. »

Rien n'indique que cette dernière prescription ait jamais reçu son exécution; du moins il n'en reste pas de trace.

Mais le Collége fondé par Jamyn a subsisté jusqu'en 1789, mais la table de cuivre portant l'inscription commémorative ordonnée par le testament, existe encore, grâce aux soins et au dévouement, d'abord, en 1713, de M. Nicolas Salmon, docteur en médecine, ainsi que le constate la mention ajoutée au bas et au revers de cette table, puis récemment du regrettable M. Coqueret, décédé depuis que ces lignes sont écrites, et enfin de M. Rondeau, les dignes continuateurs de l'œuvre de Jamyn, avec l'aide de subventions municipales et privées. Le Collége de Chaource se reconstruit en ce moment dans le local même donné par Jamyn, et nous espérons bien que la table de cuivre figurera sur la porte du nouveau bâtiment.

Jamyn survécut peu à sa fondation. Les diverses dates de sa mort, indiquées dans les biographies, sont toutes erronées de beaucoup; et il nous a été donné de les rectifier au moyen du rapprochement de deux pièces authentiques conservées aux archives départementales. Jamyn, le 1er août 1592, était présent à l'acte notarié par lequel les habitants de

Chaource acceptaient la fondation du Collége et ses charges ; et, à la date du 5 février 1593, six mois plus tard, nous trouvons l'inventaire dressé après son décès. C'est donc dans cet intervalle, du 1er août 1592 au 5 février 1593, que doit se placer la mort de Jamyn à l'âge de cinquante-trois ou de cinquante-cinq ans, selon que sa naissance sera de 1540 ou de 1538. Enfin, pour approcher avec plus de précision encore, nous constatons, au revers de la minute du testament conservée aux archives de l'Aube, cette mention d'une écriture contemporaine :

« Testament de feu noble homme Amadis Jamyn, vivant » lecteur ordinaire du Roy, lequel décéda en l'année 1593, » au mois de janvier. »

Toutes nos recherches, pour retrouver sa tombe dans l'église de Chaource, n'ont abouti qu'à nous faire découvrir sous un amas de bancs et sous un lourd plancher, une pierre tumulaire incrustée dans le dallage de la chapelle dite Saint-Jean-Décollasse, qui, de tous temps a été affectée aux élèves du collège de Chaource, et qui doit être par conséquent celle que le testament indique comme appartenant à la famille Jamyn.

Cette pierre de 1ᵐ 72 sur 0 75 c., se compose de deux morceaux, qui paraissent avoir fait partie d'une pierre plus longue, brisée, sans doute, et dont le fragment du milieu aura disparu lors de la réparation du pavage de l'église au siècle dernier. Sur la partie antérieure, rapprochée de l'autel, on voit un écusson que nous décrivons ainsi en style vulgaire, sans aucune prétention au langage héraldique : divisé en trois bandes horizontales : sur la première,

deux T imitant deux marteaux de tailleur de pierre —
sur la seconde, un levrier en course — sur la troisième, une cloche; — ce sont bien là des armes parlantes, mais dont on n'a plus la clef; au-dessous, se
lit cette inscription mutilée par la brisure :

CY GISENT LES COR<sup>ps</sup>

(ici une lacune)

ET D'HONESTE FEMME

CLAIRE CARTERON SON

ÉPOVSE, NIÈCE DE M<sup>r</sup>

AMADIS JAMIN LA

QUELLE DÉCÉDA LE 11

JVILLET 1678.

PRIÉ DIEV POVR EVX.

Si le nom de l'époux de Claire Carteron a disparu,
ce qui reste de cette tombe est du plus haut intérét
en donnant une nouvelle preuve que cette chapelle
est bien celle de la famille Jamyn, puisque l'inscription tumulaire, en qualifiant la défunte de nièce
de M. Amadis Jamin, démontre que, près de 80 ans
après la mort de notre poète, son nom était encore
en honneur, et que c'est à sa proche parenté avec
celui-ci, que Claire Carteron a dû d'être ensevelie
dans cette chapelle, côte à côte avec son époux. Il
est donc permis de supposer que les restes de Jamyn ne reposent pas loin de là.

Le vitrail de cette même chapelle fournit encore
un document qui se rattache au précédent : au bas
du compartiment droit, on voit trois personnages
revêtus de robes brunes, d'un beau caractère et
richement brodées. Le premier personnage, age-
nouillé devant un prie-Dieu, a seul conservé sa tête;
les deux autres ont perdu la leur sous le plomb des
réparations : la nappe du prie-Dieu, retombant à

gauche, présente un écusson à fond d'azur, sur lequel ressortent en jaune vif un C et un J, séparés par la tige d'une marque bien connue dans les usages du commerce, à savoir, un 4 renversé dont la branche plus courte est croisée. Voilà à n'en pas douter un ex-voto de la famille Jamyn (1), famille bourgeoise, que son aisance avait placée au nombre des bienfaiteurs de l'Eglise, et qui, en retour, a eu droit à une chapelle. (*Voir la planche.*)

Ces vestiges touchants et respectables de la piété et de l'esprit de famille nous suggèrent une pensée que nous vous demandons la permission de consigner ici :

Si nous avons taxé de préoccupation mondaine certaines dispositions du testament d'Amadis Jamyn, ce n'était que par opposition à celles qui portent l'empreinte de ses sentiments pieux; et certes!... de toutes les vanités d'ici-bas, s'il en est une qui doit trouver grâce devant la postérité reconnaissante, c'est assurément le desir de perpétuer par des signes extérieurs la mémoire des fondations utiles. Sans ces précautions, que de bienfaits tombés dans l'oubli ou détournés de leur destination première, ne serait-ce que par la force des choses et les progrès de la civilisation! Voyez à Troyes, le vieil hôtel où François Pithou, en face de l'église Saint-Remy, a fondé un collége! déjà il

---

(1) Il est impossible d'admettre que cette marque soit celle du peintre-verrier; les marques qui désignent l'artiste sont toujours placées au bas ou dans l'angle d'une verrière, mais jamais en évidence comme celle-ci qui resplendit au centre du tableau.

porte le nom de Lycée Impérial : bientôt, professeurs et élèves, emportant, avec leur bagage classique, le Phèdre retrouvé par l'illustre frère du fondateur, quitteront l'antique demeure, pour chercher, sur le territoire récemment annexé de Saint-Martinès-vignes, dans un édifice plus vaste et tout moderne, l'air et l'espace qui commencent à manquer à notre génération d'écoliers, toujours croissante en nombre et, peut-être aussi, en exigences de bienêtre. Puissent-ils ne jamais oublier que, si le vieux Collége s'absorde et disparaît dans une nouvelle destination, la munificence de Pithou leur a préparé le Lycée Impérial et les y suit. Puisse aussi le nom de *Collegium trecopithœanum,* qui unit le souvenir de la ville natale à celui des illustres frères Pithou, trouver place à côté du nom officiel de Lycée Impérial ! Puissent enfin nos enfants lire encore, en souriant, ce pieux jeu de mots, emprunté du grec : *Toïs nomoïs Peïthou,* qui, gravé sur un marbre noir audessus du portail, recommande la soumission aux lois, en perpétuant le nom de fondateur.

Mais revenons à Jamyn qui dota la ville de Chaource, comme Pithou son contemporain dota la ville de Troyes 30 ans plus tard, en telle sorte qu'il est permis de penser que la fondation de Jamyn ne fut pas sans influence sur la pensée de Pithou.

La plaque commémorative du Collége de Chaource et le testament nous fournissent, sur la vie de Jamyn, les détails qu'on ne trouve dans aucune biographie : issu d'une famille bourgeoise, il dut à son intelligence et à son goût pour les lettres de l'antiquité de pouvoir ajouter à son nom la qualification de noble homme, qui n'était pas tout à fait la noblesse, mais qu'autorisait la charge qu'il remplissait près du roi.

Il était aussi *sieur de Basly*, et les souvenirs du pays, justifiés par les vieux titres des archives communales, reconnaissent sous cette dénomination la ferme de Bailly, autrefois Baaly ou Basly, située sur le territoire de Chaource, qui constituait, il y trois cents ans, le petit fief de Basly.

Enfin, au pied de cette même table de bronze, sont gravées des armes : c'est un écusson que toujours, sans aucune prétention héraldique, nous décrivons ainsi : divisé en trois bandes horizontales — sur la première *trois fleurs* à cinq pétales — sur la seconde *un lion* marchant — sur la troisième *un cygne* balancé sur l'onde. (*Voir la planche.*) Jamyn n'étant pas d'origine noble n'avait que des *armes parlantes*. Voici leur langage, que nous interprétons à l'aide de ses propres œuvres.

Au livre V de ses poésies, intitulé *Meslanges*, nous trouvons (p. 272) l'ode au jasmin, qui débute par ces deux vers :

> O ! Florissant *Jasmin*, je te dois bien aimer !
> Nous approchons de nom.   .   .   .   .   .

La corolle de la fleur du jasmin a cinq pétales disposées comme celles des trois fleurs de l'écusson : c'est donc son propre nom que Jamyn y a gravé.

Dans une autre ode adressée à Villeroy (*ibid.* p. 213), le poète lui dit :

> Tu honores la Gloire
> Qui des filles de Mémoire
> Vient à la postérité,
> Et tu m'estimes *un Cygne*

Tel que je puis et suis digne
Durer en l'éternité.

. . . . . . . . . .

Or, cygne, en langage poétique, signifie poète. Ainsi ces armes nous donnent déjà : *Jamyn poète.*

Puis vient, entre les deux, le lion : c'est, en blason, le signe de la force, de la supériorité et même de la royauté : ce sera donc l'adjectif du poète, et nous lirons couramment : *Jamyn royal* ou *célèbre poète.*

Heureusement pour notre compatriote, bien avant qu'il se fût octroyé ces armes à lui-même, cette glorification lui était déjà décernée par Ronsard et Dorat ; de son vivant, elle était attestée dans une foule de vers que lui dédiaient ses nombreux admirateurs.

Si, jugé de nos jours, Jamyn le serait plus sévèrement, n'oublions pas qu'il est séparé de nous par trois siècles : étudions l'histoire ; alors nous lui tiendrons compte des temps, des hommes, surtout des mœurs au milieu desquels il a vécu, et nous pourrons, sans craindre le reproche de vanité locale, saluer en lui l'un des plus savants, l'un des plus gracieux poètes français, et le Champenois bienfaiteur intelligent de son pays.

Nota. — La seconde planche représente le fac-simile d'une quittance donnée et signée en 1588 par Amadis Jamyn ; cette pièce est aux archives départementales de l'Aube.

Extrait des Mémoires de la Société Académique de l'Aube.
Tome XXIII, 1859.

TROYES, TYP. BOUQUOT.

Je souz signé confesse auoir receu de Leger Renault
dem͡t a Praslaiͫ la somme de dix liures trante
souls pour one année de la rante quil me doibt par
char un an et ce pour l'année escheuë, le premier
iour du p͡nͬt mois de Jamier mil v͡c quatrebingz
et huit ÷ Faict ce v͡e Jamier mil v͡c quatrebingz
et huit ⁓ Amadis Jamyn



FAC-SIMILE D'UN AUTOGRAPHE D'AMADIS JAMYN.